निनाद वल्लरी

शोक काव्य

अलका आत्रेय चूडाल

nepa~laya

प्रकाशक : पब्लिकेसन नेपा~लय,
कालिकास्थान, काठमाडौँ
फोन : ०१-४४३८७७८६
इमेल : publication@nepalaya.com.np
www.nepa-laya.com

© लेखक

संस्करण : पहिलो, सन् २०२१
१

आवरण चित्र : शैलेश भट्ट

ISBN : 978-9937-9378-7-0

Ninada Vallari An Elegy by Alaka Atreya Chudal

निनाद वल्लरी भयो प्रलेप घाउ चर्किंदा

'साहित्य मनोरञ्जनको स्रोत हो ।' 'सहित्य नयाँ कुरा सिक्ने साधन हो ।' 'यसले धर्म, कीर्ति, बुद्धिवृद्धि र परम आह्लाद दिन्छ ।' 'साहित्यले प्रेमिकाले जसरी फकाई फुल्याई उपदेश पनि दिन्छ ।' यस्ता सबै काव्य-प्रयोजनहरू भन्दा पृथक् यस शोक काव्यको रचना प्रक्रिया मेरो लागि भने 'व्यथाको विरेचन' र 'चर्किंदो घाउको प्रलेप' भयो । पितृवियोगको व्यथा एकातिर थियो भने अर्कोतिर अर्बुद रोगको प्रकोपसँग लड्दै गरेका पिताको पीडालाई अति नजिकबाट अनुभव गर्दा, उहाँलाई सकेको साथ दिँदै, चिन्ता र वेदना लुकाएर "केही हुन्न !" "राम्रो हुन्छ !" "बलियो हुनुपर्छ !" आदि जस्ता संवाद बोलेर भूटो आश्वासन दिँदै कृत्रिम जीवन बाँचेको झण्डै एक वर्ष भएको थियो । २०७६को पितृ अमावास्यामा पहिलो पटक अस्पताल लगेर घातक रोगको पहिचानदेखि लिएर आर्यघाटमा अन्तिम बिदाइ गरुञ्जेल र पछि धार्मिक परम्परा अनुसार अन्तिम संस्कारका विधिहरू सम्पन्न हुँदासम्म पनि वास्तविक पीडा लुकाएर एक प्रकारको नाटकीय अभिनय गरिराखेकै थिएँ । अन्तत: ती सबै कर्तव्यबाट मुक्त भएर आफ्नो स्वतन्त्र परिधिमा आइपुग्ने समयसम्ममा त्यो वेदनाको धमिराले मलाई भित्रभित्रै खाइसकेको थियो । म अवसादको डुँगामा चढेर वेदनाको प्रवाहमा बग्दै निवकै टाढा पुगिसकेकी थिएँ ।

अकस्मात् वियोगलाई कवितामा बिसाउन थालेँ । लेखनका क्रममा सँगै गुनगुनाउन पनि थालेँ । त्यससँग जानी नजानी चित्र पनि कोर्न थालेँ । छन्दमा काहिलेकाँहि केही रचना गर्थें तर गायन र चित्रकारिता मेरा लागि नितान्त फरक कुरा थिए । केही महिनासम्म यस्तो अभ्यास गर्दा मलाई धेरै हलुका र आराम भयो । यस साधनाका क्रममा मलाई आफ्नो शरीरका अङ्ग अङ्गबाट व्यथाको आगोमा उम्लेको अवसाद बाफ बनेर उडेको जस्तो अनुभव हुन्थ्यो । बलिन्द्र धारा आँसु बगाउँदै गरेको शोक काव्यको लेखन, गायन र चित्रकलात्मक साधना

मेरा लागि विरेचन भयो । मैले जीवनमा पहिलो पटक कलाले मानसिक शान्ति पाउन हामीलाई कसरी सहयोग गर्छ भन्ने कुरा प्रत्यक्ष अनुभव गर्न पाएँ । कला हाम्रो दुःखमा प्रलेप रहेछ भन्ने कुरा पनि मैले बुझ्न पाएँ ।

मेरा गुरु एवं पिताभन्दा पनि साहित्य, भाषा र देशका लागि समर्पित महान् आत्मालाई पक्कै पनि मेरो यो अभ्यास मनपर्ने थियो । आत्मा अमर छ भने अवश्य पनि उहाँलाई यो मन परिरहेको छ । एउटी छोरीको तर्फबाट मेरा पिताको प्रथम वार्षिक पुण्य तिथिमा उहाँप्रतिको मेरो प्रेम, बिछोडको वेदना र वियोगको व्यथामा अङ्कुरित यो 'निनाद वल्लरी' समर्पण गरेकी छु ।

छन्द हाम्रो माटोको विशेषता हो । यो हाम्रो काव्य साहित्यको एउटा खाँबो हो । छन्द आफ्नोपनको सुगन्ध बोकेर मगमगाउँछ । यसको लालित्य र भाव सम्प्रेषण अनुपम छ । यस काव्यको पुछारमा छन्दको सानो चिनारी पनि राखिएको छ । छन्दहरूको परिभाषा र परिचय भने यस काव्यमा प्रयोग भएका छन्दहरूमै सीमित राखिएको छ । आवश्यकता अनुसार उदाहरणहरू दिनुपर्दा यसैमा प्रयोग भएका शब्द र पद्यहरू प्रयोग गरिएका छन् ।

'निनाद वल्लरी'लाई सबैको सामु ल्याउन प्रेरणा, उत्साह र ऊर्जा दिने एवं छन्दलाई स्नेह गर्ने प्रिय बहिनी भूषिता वशिष्ठप्रति म कृतज्ञ छु । उहाँको काव्य-स्नेह र गायनले मलाई व्यक्तिगत रूपमा लोभ्याएका थिए । यो निनाद वल्लरी हाम्रो परिचयको कारक बन्यो । भूषिता वशिष्ठ जस्तो सक्षाम र साहित्यलाई माया गर्ने, त्यो पनि खासगरी काव्य विधामा यसरी डुबेर काम गर्नसक्ने ऊर्जाशील सम्पादक पाएर म गौरवान्वित छु । साथै नेपा~लय प्रकाशन गृह परिवारका सबै सदस्यहरू प्रति पनि म हार्दिक आभार प्रकट गर्दछु ।

विश्वलाई नै छन्दमय बनाउने यज्ञमा अनवरत खटिरहने हाम्रा मित्र प्राज्ञ डा. देवी नेपालप्रति म हृदयतः आभार व्यक्त गर्दछु । उहाँले यसको प्रारम्भिक खेस्रा पढेर मलाई दिएका सल्लाहहरू अमूल्य थिए ।

मेरा अनन्य मित्र प्रा. डा. दिवाकर आचार्यले लगाएको गुन पनि बिर्सन नसकिने छ । फरक देशमा रहेर पनि प्रविधिको सहयोगमा हामीले 'निनाद

वल्लरी'का हरेक पङ्क्तिबारे गरेको लामो काव्य विमर्शले मलाई ऋणी बनाएको छ । साथै फरक महाद्वीपमा रहेर पनि मेरो काव्यमा रुचि राखेर फोनबाटै फर्को नमानी बारम्बार मेरो काव्य सुनिदिने, काव्य सुनेर मसँगै रुने र मलाई उत्साह दिइरहने दिदीहरू उपमा आचार्य र इला शर्माप्रति पनि म कृतज्ञ छु । यसैगरी फोनमा अमेरिकाबाटै यो शोक काव्य सुनेर मलाई साथ दिने मित्र गायत्री तिमल्सिनाप्रति पनि हृदयत: आभारी छु ।

अन्तत: वर्षभरि घरमा यो निनाद सुनिरहने, मेरो साधनामा साथ र हौसला दिने, फर्को नमानी काव्य साधनाका लगि वातावरण बनाइदिने जीवन साथी रुद्र, छोरी नन्दिता र छोरा धवलको सल्लाह र धैर्यलाई नमन गर्दछु । आमा आर्या आत्रेय, भाइबहिनीहरू आज्ञा, प्रीति, आलोक, अलङ्कार र बुहारीहरू समता र प्रमिलाको पनि मेरो यस यज्ञमा अमूल्य साथ रहेको छ । मैले यहाँ नाम उल्लेख गर्न नसकेका समस्त सहृदयी मनहरूप्रति आभारी छु !

अलका आत्रेय चूडाल
भाद्र २०७८
बत्तिसपुतली

विषय सूची

शब्द यी अर्चनाका

नमन शिव र देवी पार्वती एकदन्त
पवनसुत कृपा होस् गर्दिनुस् कष्ट अन्त ।
विचलित छु म धेरै सुन्नुहोस् ताप-भारी
शरण लिन म आएँ शान्ति पाऊँ मुरारि ।।१।।

नद र कलश वापी टम्म पानी भरेका
तर पनि छ पिपासा चातकी खोज्छु वर्षा ।
वरिपरि हरियाली बोट प्राणी रमाए
अभिरुचि मन ईप्सा चाहना ओइलाए ।।२।।

व्यथित मन वियोगी पितृ सान्निध्य छुट्दा
अगणित सपनाको बाँध भत्केर खस्दा ।
मन जब धरणीमा छट्पटी गर्न लाग्यो
विरह सब समेटी लेख्न थालेँ कथा यो ।।३।।

टुकुटुकु जसका ती हात थामेर हिँड्थेँ
क क न न पनि सिक्दै साथमा देश घुम्थेँ ।
अपहत उनको त्यो साथ एक्ली म बाँकी
विरहित मनमा छन् सम्झना दिव्य झाँकी ।।४।।

सजल नयन मेरा साथमा देह खोक्रो
वरद जनक गुम्दा यो भयो मात्र बोक्रो ।
म अबुझ बसिहालेँ लेख्न यो शोक काव्य
तरण कठिन होला के गरूँ लोभ दिव्य ।।५।।

मधुकर म सुधा त्यो काव्यको चाख्न खोज्ने
अमृत रस भरेको सिन्धुमा डुब्न खोज्ने ।
शिखर अति छ अग्लो फेदमै अल्झिएकी
अबुझ म त बुवाको काख खोज्ने हुँ रुन्ची ।।६।।

तृषित म अति प्यासी काव्य पीयूष तिर्खा
रवि पनि नपुगेका लोकमा घुम्न इच्छा ।
कण कण कमिलाले झैँ टिपी शब्द गाँसेँ
पद पद बटुलेरै काव्य माला बनाएँ ।।७।।

तप-तप-तप खस्थ्यो आँसु आँखा रुझेको
तिरमिर धमिलोमा यो गला बाँधिएको ।
अलि अलि अलि गर्दै सुस्तरी लेख्न थालेँ
करुण रस भिजेका पद्य मैले बिसाएँ ।।८।।

पल-पल बटुलेका शब्द यी अर्चनाका
कल-कल-कल बग्ने भाव संवेदनाका ।
जनक विरह लेखेँ वेदनाको मसीले
रस अनुभव गर्दै पढ्नुहोला सुधीले ।।९।।

प्रिय सुत गरिहाल्छन् श्राद्ध अन्त्येष्टि कर्म
पर धन सब छोरी भन्छ रे हिन्दु धर्म ।
दिन यदि छ मनाही धर्ममा पिण्ड मैले
पदकुसुम उनेको काव्य ल्याएँ नछेके ।।१०।।

अतालिएँ सुषुप्तिमा म भस्किएँ र तर्सिएँ
समूह घन्चमन्चमा निसास्सिएँ र जिल्लिएँ ।
विरक्तिएँ म भक्तिएँ विदीर्ण आशहीनता
निनाद-वल्लरी भयो प्रलेप घाउ चर्किंदा ।।११।।

बुवा ! अनाथ यो सुता

हिमाल मुस्कुराउने मुसुक्क मस्किँदै जहाँ
फुलेर लालुपातले सिँगार्छ कामिनी छटा ।
नदी सुरम्य वाहिनी सुचारु दिव्य मालिनी
मनोहरा सुशोभिता प्रसूति भूमि भामिनी ।।१।।

हरेक बिन्दु वृष्टिमा सुधा बनेर वर्षिने
दिवाकरी मयूखले सदा उमङ्ग भर्दिने ।
कुहू-कुहू सुनेर जो उघार्छ नेत्र भिस्मिसे
वसुन्धरा मनोहरा छ शस्यश्यामला सखे ! ।।२।।

शकुन्तला र कण्वको कथा जुराउने यिनी
प्रफुल्ल पारिजातले चुमेर मुग्ध मादिनी ।
सुनन्दिता सुता पिता रमाउने थलो मुदा
फुरुक्क दङ्ग हर्षिता लता थिएँ म पुष्पिता ।।३।।

मयूर नृत्य वाटिका फिँजेर पङ्ख सुन्दर
वसन्त राज गर्दछन् भुलेर फर्किनै घर ।
म गौरवान्विता सदा रमेर मातृभूमिमा
म धन्यभाग जन्मिएँ पिता र मातृ काखमा ।।४।।

बिछट्ट रूप रङ्गले सुपुण्य भूमि भूषिता
म हुर्किएँ पढेँ बढेँ लिई स्वदेशकै छटा ।
पिता अनन्य राष्ट्रभक्त मातृभूमि पूजक
सरोस् ममा कृतज्ञता बनूँ म देश सेवक ।।५।।

सिँगार्न देश तम्सियौ भरेर वाङ्मयी निधि
जडेर रत्न देशभित्र कालिदास पाणिनि ।
बुवा ! विचार उच्च थ्यो "म विश्वमा चिनाउँला"
नगर्नु पीर कत्ति है म पाइला पछ्याउँला ।।६।।

ढिँडो पिठो कि बाबरी छ स्वादिलो सबै कुरा
सुगन्ध मन्द वायुमा सुरम्य स्वर्ग यै धरा ।
समस्त लोक रम्दछन् र दङ्ग छन् सबैजना
अभाव एक मात्र भो बुवा ! अनाथ यो सुता ।।७।।

वसन्त मगमगाउने म फूल चुम्न खोज्दछु
म इन्द्र-चाप रङ्गमा रँगेर रम्न खोज्दछु ।
म शीत पातका टिपी उनेर लाऊँ भूषण
अनित्य चीज जीव वा हराउँछन् नि तत्क्षण ! ।।८।।

के बोक्छ भावी उपहार जेबमा
सुटुक्क भुक्याउँछ बेर-बेरमा ।
कठोर आघात दियो अदृष्टले
बजारिएँ ढ्वाङ्ग म खोँचमा पुगेँ ।।९।।

हेरी रहेँ आँसु बगाउने पिता

म एक शाखा रुखमा फली फुली
हुर्केँ मनोज्ञ लटरम्म भै नुही ।
आरू फुले भैँ ढकमक्क उर्वरा
बस्थे बनाई गुँड चुल्बुले चरा ।।१।।

आयो अकस्मात् रिपु एक निर्दयी
ताकेर हान्यो रुखको जरो चुनी ।
त्यो दैत्य रेट्थ्यो जब वृक्ष मूलमा
कहालिए फूल र पात शूलमा ।।२।।

विषाक्त आयो शठ रोग अर्बुद
हाम्रो दवाई उपचार निष्फल ।
उखेलियो वृक्ष लता म के गरूँ !
रोऊँ कराऊँ छ निरर्थ जे गरूँ ।।३।।

रुन्थ्यौ समाई जब हात धर्धरी
"क्यै हुन्न" भन्थेँ तर भित्र थर्थरी ।
छ व्यर्थ भन्थ्यो दुनिया प्रयत्न यो
परन्तु आशा मनमा थियो दिगो ।।४।।

पग्ल्यो बल्यो मैन धिपीधिपी गरी
साक्षी बनेँ मात्र म मूर्तिवत् उभी ।
लाचार छोरी म निरीह निष्क्रिया
हेरी रहेँ आँसु बगाउने पिता ।।५।।

सङ्ग्राम हान्यौँ जब वृक्ष भाँचियो
रहेँ म बाँकी बिनसित्तिको ठुटो ।
टेकेँ घुँडा युद्ध-पराजिता सरी
कता हराए क्षमता विवेक ती ।६।।

व्यथा छ बल्दो परिहार हुन्छ के ?
छोरी हुँदाको अधिकार कर्म के ?।
पिता दियौ शिल्प र ज्ञान दर्शन
तिनै सखा वैद्यक ओखती श्रम ।।७।।

ल्याएँ मेरा हृदयभरिका भावना अञ्जुलीमा
छैनन् पानी तिल कुश जनै के चढाऊँ दुनामा ?।
माया श्रद्धा जति पनि छ यो भित्रभित्रै लुकेको
गोत्रै फेरे पनि म हुँ सदा वंशकी बीज तिम्रो ।।८।।

नाम हो विष्णुराज

नेपालीको परिचय दिने बुद्धको वंशभूमि
प्यारो धर्ती कपिल ऋषिको ज्ञानको पुण्यभूमि ।
लाटो साथी[1] सुत अवनिका जन्मिए भक्त एक
वाग्देवीका तनय कवि ती नाम हो विष्णुराज ।।१।।

फक्र्यो जेठो कुल-कुसुम त्यो शारदा मातृ काख
बा-आमाका प्रिय अति उनी दङ्ग बा देवराज ।
माया गर्ने प्रिय हजुरबा प्राण भँ रश्मिराज
हुर्के साथै अनुज-अनुजा अग्रजा एक मात्र ।।२।।

शिक्षा पाए अलिअलि घरै बाबुको हात थामी
प्यारो गर्ने अति हजुरबा काख राखी पढाइ ।
हुर्की आफै जब सब कुरा गर्न सक्ने भएथे
अर्घाखाँची खिदिमतिरको पाठशाला गएथे ।।३।।

---

१ उपनाम

डाँडा-काँडा रनवन डुले स्वस्थ राम्रा किशोर
विद्याप्रेमी गुरुजन खुशी बाल पढ्थे खटेर ।
पैलो बाला कवि सृजनको मूल फुट्ने थलो त्यो
त्यै माटोमा पछि अनि बन्यो सोमको तीर्थ प्यारो[2]।।४।।

काशी विद्या-नगर रसिलो उच्च शिक्षा कमाए
विद्यार्थी भै वरद कुमुदी साधनाले रिझाए ।
बी. एच्. यू.[3] को परिसर थियो ज्ञानको दिव्य खानी
मौलाएथे कवि र कविता पद्य राम्रा कहानी ।।५।।

नेपालीको अलि पर थियो एक बस्ती बसेको
धर्मी यात्री पथिक-जनको धर्मशाला बनेको ।
मेट्थ्यो न्यास्रो जनम घरको घाट गङ्गा नदीको
भेला हुन्थे कविजन त्यहाँ स्वाद लिन्थे चियाको ।।६।।

छाप्थे बेच्थे दिनदिन नयाँ पत्रिका पुस्तकादि
नेपालीका निधि पनि त्यहीँ छापिए काव्य पोथी ।
भर्रोवादी कवि रसिकको पाइलो यज्ञ नौलो
नेपालीको प्रगति पथमा होमियो मित्र लाटो[4] ।।७।।

विद्यार्थी थ्यौ सतत दरिलो ध्येय साहित्य कर्म
रक्षा गर्ने अतुलित थियो ताक भाषा र धर्म ।
तिम्रो सम्पादित गहकिलो पत्रिका छात्रदूत[5]
संस्था[6] खोल्यौ उपकृत भए छात्र नेपालबाट ।।८।।

---

२ सोम-तीर्थ उपन्यास
३ बनारस हिन्दू विश्वविद्यालय, वाराणसी ।
४ उपनाम लाटो साथी
५ काशीबाट निस्किएको नेपाली साहित्यिक पत्रिका
६ नेपाली छात्र संघ ई.सं. १९५७, बनारस साहित्य सम्पर्क समिति ई.सं. १९६८

विद्वान् वाग्मी कवि पनि बनी ज्ञान थुप्रो कमाई
फर्केका ती जनन-धरणी भाइ बैनी पढाई ।
आए अर्को नव शहरमा देशको राजधानी
नौलो पेशा घरजम गरी मोडियो जिन्दगानी ।।९।।

देवी द्यौता ऋषि कुल सखा देश प्यारो उनैको
यात्रा शिक्षा अभिनय कला कर्म रोजे सधैँको ।
जेठो छोरो कति-कति थिए गर्न दायित्व पूरा
जिम्मा आफ्नो तन-मन दिई पूर्ण सारा गरेका ।।१०।।

लेख्यौ नाना कृति र कविता हुन्छ चालीस गन्दा
के पुग्थ्यो ख्वै दिन र रजनी कर्म तिम्रो बखान्दा ।
नेपाली हुन् वररुचि[7] भन्यौ साथ शालातुरीय[8]
तोक्यौ हाम्रै कपिल मुनि रे खास हुन् कालिदास[9] ।।११।।

शिक्षा बाँड्ने अतुलित थियो उच्च पेशा प्रकृष्ट
भाषा-सेवा निशदिन बित्यो ज्ञानको भोक उच्च ।
श्रद्धा तिम्रो निरुपम थियो पूर्व स्रष्टानुराग
हेर्दै नौलो अनुपम बन्यो भव्य साहित्य तीर्थ[10] ।।१२।।

थाकेनौ है कतिपनि तिमी खट्न सक्थ्यौ नरोकी
बाँकी छैनन् जति पनि विधा लेखिहाल्यौ नछोडी ।
भोकै प्यासै खटन दरिलो खोज वा काव्य कोष
भान्सा तिम्रो हर दिन ढिलो सुत्न भुल्थ्यौ पढेर ।।१३।।

---

७ तीन ऐतिहासिक उपन्यास: वररुचि, कात्यायन र पाणिनि ।
८ पाणिनि
९ खोजमूलक ग्रन्थ: 'हिमालयो नाम नगाधिराज:'
१० कपिलधाम साहित्य तीर्थ, कपिलवस्तु

भाषाप्रेमी तन मन दियौ देववाणी प्रचार
छोराछोरी अनि सहचरीबाट थाल्यौ सुधार ।
राम्रो संयोजन गहकिलो प्राच्य वा वर्तमान
तिम्रो जस्तो विरलतर होस् दिव्य व्यक्तित्व ज्ञान ।।१४।।

छोराछोरी सकल गुनिला हातका पाँच औँला
पुस्ता हुन् वा नव समयका छन् सबै योग्य तिम्रा
बैनी भार्या अनुज भतिजा प्रेम गर्ने बुहारी
आहा ! तिम्रो सफल उपमा सिद्ध त्यो जिन्दगानी ।।१५।।

के सुन्छौ भो कविजन सुक्यो काव्य धारा मुहान
लाटो साथी अब भुवनमा साँच्चि नै मूक जान ।
बाटो हेर्दा कपिलमुनिले विष्णु आयो भनेर
को भन्देला खबर अब ती आउँदैनन् फिरेर ।।१६।।

हेर्दा होलान् पवनसुतले भक्त आयो कि आज
आउन्नन् ती दिवस शनि वा होस् कुनै भौमबार ।
बोकी जाऊ पर गगनमा सूचना मेघदूत
अस्तायो रे दिनकर भनी गड्गडाएर बर्स ।।१७।।

डोका नाम्ला भिरतिर लडे घाँस काट्नै भुले रे
फुल्दा फुल्दै कुसुम वनमा स्तब्ध भै रोकिए रे ।
बग्दा बग्दै नद पनि सुनी रोकियो बाणगङ्गा[११]
रोए ओढी दिनकर शशी मेघको त्यो पछ्यौरा ।।१८।।

---

[११] तौलिहवामा बग्ने नदी

लेख्दालेख्दै कविजन उठे भाँचियो लेखनी रे
पाक्दापाक्दै तिहुन डढिगो बिर्सिएछन् कसैले ।
बोल्दाबोल्दै कति प्रिय सखा वाक्य बिर्सेर लाटा
हिँड्दाहिँड्दै विचलित भए बिर्सिए मूल बाटा ।। १९।।

रोए आफू अनि शुरु हुने जिन्दगी मञ्च यौटा
सारा आफ्ना धुरुधुरु रुँदा नाट्यको खस्छ पर्दा ।
त्यै बेलामा जति बटुलियो रत्न हाँसो खुशीको
जम्मा यो नै अब सँग रह्यो सम्झना जिन्दगीको ।।२०।।

हरायो ज्योति आँखाको गयो त्यो सूर्यमा मिल्न
खरानी देह भो तिम्रो मिठो बोली गयो व्योम ।
शरीरी तत्व खोलामा र आत्मा मुक्त सन्तुष्ट
सबैको मार्ग एकै हो ढिलो चाँडो वृथा कष्ट ।।२१।।

म शिष्या एक बाबाकी

म जन्मेँ रे व्यथा लामो असारे त्यो भरी माझ
प्रसूता स्वस्थ थिन् आमा भयो आनन्दको साँझ ।
पिताजी काठमाडौँमा म जन्मेँ बुद्धको देश[1]
उठी झट्टै बुवा मेरा "म आएँ" भन्नुभो "बेस" ।।१।।

भएथेँ चार वर्षीया गयौँ हामी सबै काशी
म साथै माहिली बैनी बुवा आमा थियौँ साथी ।
हवाई मार्गको यात्रा बिरानो काठमाडौँ भो
त्यहीँ नै जिन्दगी मेरो नयाँ बाटो लिई दौड्यो ।।२।।

बुवाको हात थामेरै म हिँड्थेँ फड्किँदै बाटो
छिटो हिँड्ने बुवा मेरा दगुर्थेँ उफ्रिँदै चाँडो ।
दुई पाङ्ग्रे चढी घुम्थ्यौँ रमाई हर्षमा हाँस्दै
रँगाई वस्त्र होलीमा मिठाई किन्दथ्यौँ चाख्दै ।।३।।

धरित्री तीर्थयात्राको पुरानो केन्द्र रे काशी
पुजेका बाबु-छोरीले सुतुष्टा ज्ञानकी देवी ।
म गङ्गामा नुहाएकी सिकेकी पौडिने शिल्प
बुवाकी कर्मशीला रे म छोरी कामना-दीप ।।४।।

---

१ तौलिहवा, कपिलवस्तु ।

म सातै वर्षकी सानी थिएँ खेल्ने रमाएर
तयारी भै म जाँदै थेँ बिहानै स्कूलमा हेर ।
बुवाले बोक्नुभो आई मलाई खाटमा राखी
"ल आजैदेखि यो छोरी घरैमा पढ्दछे ज्ञानी" ।।५।।

म रोएँ आँसुले आँखा भए टिल्पिल् अटाएन
न केही बोल्न नै सक्थेँ कुनै विद्रोह आएन ।
खुलेको ग्रन्थ सामुन्ने "ल पढ् माहेश्वरी सूत्र"
खसेथे आँसुका थोपा नबोली पुस्तकै भित्र ।।६।।

म घोक्थेँ सूत्र वा रूप म पढ्थेँ काव्यका श्लोक
म बोल्थेँ देवको वाणी मनाही क्यै अरू थोक ।
हराइन् नन्दिनी गाई डराएँ बाघ देखेर^२
सुगाको त्यो बिलौनाले^३ म रुन्थेँ छट्पटाएर ।।७।।

बिहानी बित्दथ्यो मेरो नयाँ अध्याय घोकेर
बिना साथी बिना क्रीडा दिवा ती शब्द कोरेर ।
म शिष्या एक बाबाकी उहाँ आचार्य झन् एक ।
कि मेरा साथमा बाबा कि मेरा साथमा शून्य ।।८।।

अनौठी जीव थेँ यौटी म मेरा आयुका लागि
पढेकी यो कुनै अर्कै पुरानो भन्दथे भागी ।
न मेरा साथमा खेल्थे कुनै भाँडाकुटी खेला
बकुल्ले हाँसका माझ अगल्चो एक बेजोडा ।।९।।

---

२ कालिदासको काव्य रघुवंश दोस्रो सर्गमा नन्दिनी गाईलाई
   बाघले आक्रमण गरेको
३ लेखनाथ पौडेलको कविता 'पिँजडाको सुगा'

कुनै आमाबुवालाई म हुन्थेँ एक दृष्टान्त

ल केटी त्यो तिमीजस्तै पढी धेरै गुणी हेर ।

जसै ती बालबच्चाले सुनेथे देशना-भाषा

गरायो शत्रु दाँजोले भएकी थेँ उसै टाढा ।।१०।।

बुवाका कल्पना धेरै मलाई पढ्नका लागि

बनाई चित्र कापीमा थरीका रङ्गले लेपी

नचाई नाच वा गर्दै कथाका पात्रको चर्चा

म आज्ञाकारिणी छोरी गरेँ जे बाबुको इच्छा ।।११।।

घरैमा पढ्दथेँ एक्लै म पुग्थेँ जाँचमा केन्द्र

परीक्षा भित्रको यौटा र हुन्थ्यो बाहिरी भिन्न ।

म लेख्थेँ भित्र कापीमा नछोडी प्रश्न एकाकी

र भन्थेँ भित्र के लेखेँ सबै विस्तारले आई ।।१२।।

पढेथेँ ती दुई कक्षा[४] बुवाको पाठशालामा

म हुर्केँ पूर्ण विद्यार्थी उहाँकै छत्रछायामा ।

"ल जानिस् पढ्न थाल् आफै" भनी अर्को भयो आज्ञा

म मात्रै हैन बाबाकी बुनेका स्वप्न नै नाना ।।१३।।

म कस्ती पो भएँ बाबा भएँ के कल्पनाजस्ती ?

हिँडेँ निर्देशना मान्दै म बाटोमै अझै यस्ती ।

म तिम्री सिर्जना कस्ती भएकी हेरिद्यौ फर्की ।

मलाई धारमा छोडी नबिर्से चट्ट है फेरि ।।१४।।

उठाए शिल्पले बाबा म लड्दा काव्यमा चिप्ली
समाए कानमा मेरो म चुक्दा कर्ममा अल्छी ।
चढेरै मेघमा आए रुझाए प्रेम आशिष्ले
बिहानी सूर्य भै मेरो खुलाए स्वप्न आभाले ।।१५।।

म देखूँ फूलमा तिम्रो मनस्वी रूप हाँसेको
अनुज्ञा नाद पूजामा बजेको शङ्ख घण्टाको ।
वसन्ती वायु भै आए अँगाले प्रेमले फेरि
जुनेली रातमा एक्लै सुटुक्कै भेट है आई ।।१६।।

अदृश्य प्रेत वा कुनै थियो पिशाच राक्षास
अतृप्त राति हिँड्छ जो गरेर मानुषी क्षय ।।
पर्‍यो कि दृष्टि दानवी बुवा ! नृशंस दैत्यको
विनाश-नृत्य मृत्युको गराउँथ्यो र नत्र त्यो ।।१७।।

ल रोक रोग अर्बुद

रमाइलो थियो धरा नदी पहाड कन्दरा
घमाइलो सुरम्य त्यो वसन्तको नयाँ छटा ।
यदाकदा महेशले फुकाउँदा बडा जटा
झुलुक्क जान्हवी[1] भरिन् बनेर साउने घटा ।।१।।

भएन साल पूर्व भैँ समान त्यो कता-कता
मिलेन जोड के भयो घटाउ कुन्नि वा वृथा ।
भरेर बोट रित्तियो न पाक्न नै दियो फल
बियाड घाममा सुके न खेत रोप्न भो जल ।।२।।

जलेर खाक भो धरा प्रपात सूर्य तेजले
बगे पहाड सल्सली ल साउने प्रवाहले ।
वनै डढे घरै डुबे बिगार भो जतातते
अचम्म के भयो यहाँ अराज विघ्नको सधैँ ।।३।।

---

१ गङ्गा

महेश लौन के भयो अनर्थ भो यहाँ किन
समेट देव हे छिटो जटा छ उग्र साउन ।
विषालु रोग यो अहो लिएर आउने ताँ को
फरक्क फर्किजा उता समीप नीलकण्ठको ।।४।।

विषाक्त निस्कियो यहाँ कसो गरी हलाहल
अबोध लोक पिल्सियो ल रोक रोग अर्बुद ।
जलाउने छ हुरुरी गलाउने छ दाहक
गरौँ विनाश क्यै गरी छ रक्तबीज राक्षस ।।५।।

परिश्रमी पिता थिए कथा रचेर सुन्दर
सदैव व्यस्तता थियो सुकर्ममा निरन्तर ।
उदाउँदो प्रकाश त्यो मुहारमा सुशोभित
स्वभाव नित्य काममा थियो सदा समर्पित ।।६।।

विषालु कालकूट नै छरेर भाग्छ श्रावणी
सखाप पार्छ सुस्तरी कु-कोष पित्तको नली ।
कठोर सूचना दियो जनाउ मृत्यको मिति
चुनेर कृष्ण पक्षको बुवा खुवाउने तिथि ।।७।।

लिएर खड्ग यातना पसेछ रोग अर्बुद
छियाछिया शरीर भो सखाप शक्ति लोहित ।
पिता अतीव हिम्मती र ओँटिला थियौ तर
हरेर ली गयो सबै नकाम रोगले भर ।।८।।

प्रगाढ आड ओखती थियौँ नितान्त निर्भर
लगेर देह सुम्पियौँ बचाउँछन् भनी तब ।
निदान छैन रोगको असाध्य भन्छ डाक्टर
उपाय क्यै रहेन ख्वै गरेर सक्नु के अब ? ।।९।।

यतै रुने उतै रुने बगाउने नदी धन
बथान अस्पतालमा अनेक बन्धु सज्जन ।
लिएर आस जिन्दगी बचाउने त्यहाँ सब
निराश पार्छ मार्छ रेट्छ क्रूर रोग अर्बुद ।।१०।।

सराप हो कि पाप यो विनाश गर्न तत्पर
लुटेर विश्व दङ्ग त्यो कि दैत्य हो भयङ्कर ।
पसेर खेत धानको सखाप पार्छ यो वृष
अरिष्ट आपदा अहो ! बिगार गर्छ दुर्मुख ।।११।।

अमित्र नीच अर्बुदी नृशंस रोगको कथा
प्रकोप भूमिकम्प भैँ नयाँ स्वरूपको व्यथा ।
छ घन्कँदी अत्यासिलो प्रमत्त उग्र दुन्दुभि
गरेर ध्वंस विश्वको बिसाउने छ ऊ धुनि ।।१२।।

डटेर सामना गर्यौ नखाई हार धीर भै
गयौ लिएर व्यस्तता र शोध अस्पतालमै ।
भयौ पिता जता गयौ उतै मनुष्य प्रेरक
थियो अपूर्व दक्षता सरस्वती समर्पित ।।१३।।

जुटौँ सबै मिली यहाँ मनुष्य देश सेवक
ल बेस अस्पताल भो सदा यहाँ अपेक्षित ।
लुटाउँछन् बुझाउँछन् त्यहाँ सबै जना धन
तथापि मृत्यु जिल्मा निरर्थ हुन्छ त्यो श्रम ।।१४।।

सिकार खेल्छ रोग यो विनाश गर्छ मानिस
कहाँ गरौँ कता गरौँ म यो विरुद्ध नालिस ।
नहोस् विपद् नयाँ कुनै समात झट्ट अर्बुद
नदेखियोस् कतै कुनै अशक्त रोग पीडित ।। १५।।

के हो जीवन यो अहो ! कति दिने ! के प्राप्ति ! के हानि हो !
के पो कारण जन्मको मरणको ! यो गूढ गाह्रो बडो ।
के हुन् कर्म खराब वा गहिकला ! के गर्न आयौँ यहाँ !
पाई उत्तर बुझन यो जटिलता यो जन्म पुग्थ्यो कहाँ ! ।।१६।।

हाँसेर लौ गर बिदा

बर्खाको महिना थियो दिन सफा आकाश नीलो थियो
कोठामा सुकिलो सफा पलङमा तिम्रो सिरानी थियो ।
हेर्थे भास्कर झ्यालबाट निहुरी उस्तै गरी चन्द्रमा
हावा मन्द सुगन्धसाथ बहने नाच्ने स्वयं छन्दमा ।।१।।

दोस्रो साउनको बडो कठिन त्यो फुस्रो र खस्रो निशा
आयो दुःख डटी-कसी उधुमले ढाकेर चारै दिशा ।
खोस्यो प्राण दया-विहीन यमले मात्रै भयौँ दर्शक
हामी निर्बल शक्तिहीन बिचरा लाचार वा कायल ।।२।।

साना भाइ अनेक बन्धु बहिनी आमा बुहारी थियौँ
किंकर्तव्यविमूढ भ्रान्त मनले दायित्व बोक्यौँ गह्रौँ ।
अस्ताए कुलदीप सूर्य छिनमै अर्ज्याल्का वंशज
छल्के अश्रु घडा बगे छलछली सन्देश देशान्तर ।।३।।

रुन्थ्यौ आँसु बगाउँदै धरधरी "छोरी अबेला भयो"
भन्थ्यौ "हेर म पाहुना समयले जानेछु निम्तो दियो ।"
त्यो पीडा कति दर्द देहभरिको बाँड्नै नसक्ने थिएँ
माफी माग्छु बुवा ! म मूर्ख बिचरी लाटीसुधी जे गरेँ ।।४।।

बाबाको दुख देख्न भोग्न नपरोस् छोरी कुनैले अब
यो पीडा जगमा नहोस् अब कतै रोकाँ न यो ताण्डव !
लान्छौ नै लग सुस्तरी यम जबै बाबा हुनेछन् बुढा
छोरीको मुटु भो नच्यात शिव हे! रोपेर लाग्ने छुरा ।।५।।

आयो शब्द कताकता मधुर त्यो आकाशबाटो भई
"साने! हुन्न नरो! नरो! बल गरी पीडा लुकाएस् दरी ।"
बोल्यो प्रेम गरी सुटुक्क उसले मानौँ बुवा साथमा
ऊर्जा साहस कर्मबोध भरियो पोल्दो हृदाकाशमा ।।६।।

ल्याऊ हतार गर लौ अब रामनामी
बेरेर राख खटमा रुनु हुन्न ज्ञानी !
सायुज्य भेट्न म हिँडेँ छ अपार ब्रह्म
बुइनेछु आतुर भएँ अब धर्म-कर्म ।।७।।

यात्री हुँ जान्छु तर क्यै नलिएर वस्त्र
पोका र पन्तुर छुटे न छ साथ अस्त्र ।
लावा र फूल छरिद्यौ लग झट्ट घाट
देऊ मुखाग्नि क्रमले नगरी विलाप ।।८।।

दौर्बल्य देह भरिको म गलेँ भुतुक्क
आमासँगै बस तिमी म हिँडे सुटुक्क ।
हाँसेर लौ गर बिदा म छु मुक्त आज
माया र मोह ममता रुचि छैन साथ ।।९।।

उड्दो कपास म भएँ हलुका छ भार
केही रहेन त व्यथा र दुखाइ डाह !।
आनन्दकन्द भगवान् अब भेट्न जान्छु
यी पुण्य धर्म जति छन् सब साथ लान्छु ।।१०।।

कर्मी थिएँ म पहिले बस एक ध्यान
लेखेर ग्रन्थ गतिला म गरूँ सुकाम ।
छन् कर्म शेष अपुरा प्रिय स्वप्न मेरा
दायित्व वाहक बनी गर पार नौका ! ।।११।।

माया नमार दुहिता सुन एक चित्त !
लाने भए कुन दिशा अब चित्रगुप्त ।
लीला अपार प्रभुको म त एक पात्र
पूरा गरेँ अब हिडेँ अपवर्ग तर्फ ।।१२।।

बाटो गरी जुन गए सब पितृपुर्खा
जानेछु आज म उहीँ नलिएर सुर्ता ।
गन्तव्य दूर छ म वैतरणी तरेर
जाने भएँ गर बिदाइ खुशी भएर ।।१३।।

गरी यत्ति आज्ञा भयो शान्त वाणी
लिएँ पञ्चपात्रो र गाङ्गेय पानी ।
मिसाएर वृन्दा[१] पिलायौँ घुटुक्क
गयौ दूर छोडी मलाई सुटुक्क ।।१४।।

____

१ तुलसी

तिमी भेटिएनौ

गयो प्राण तिम्रो रुवाएर सारा
गराएर हामी सबैलाई टाढा ।
निभ्यौ वंश-बाती भयौ दूर तारा
सखा शिष्य नाता सबैका सहारा ।।१।।

रुने बन्धु सारा र आकाश धर्ती
तिमी मृत्यु शैय्या अरू शोक मूर्ति ।
थिइन् देशमाता दुखेकी विरक्त
गुमाएर यौटा सुधी राष्ट्र-भक्त ।। २।।

जसै यो धरामा तिमी भेटिएनौ
महीले बिलौना गरिन् देखिएनौ ।
भयो घोर वर्षा छिनैमा उपद्रो
मरुत् हडबडाए र आकाश गर्ज्यो ।।३।।

बिहानी हिलाम्मे व्यथा पोखिएको
गरी अश्रुवर्षा निशा फर्किएको ।
जसै देह निस्क्यो खुल्यो मूलद्वार
उसै धैर्य भत्क्यो र उल्र्यो निनाद ।। ४।।

मलामी हतारो गरी घाट आए
सँगै शोक मान्दै बिदा गर्न भ्याए ।
सबै वस्त्र च्याते र फ्याँके लडाए
कठै देह तिम्रो भताभुङ्ग पारे ।।५।।

अहो दैव कस्तो प्रथा निष्ठुरी यो
सुताए सबैले सिँगारी चिता त्यो ।
चिता छक्क के भो नि लौ यत्ति चाँडो !
कडा बाध्यताले पसारे अँगालो ।।६।।

चितामाथि राख्यौँ जसै देहलाई
जलाऊँ कसोरी भयो अग्निलाई ।
डराएर भस्के उनी बल्नलाई
फकाए चिताले गरौँ कर्म भाइ ।।७।।

जसै हुरुराई बल्यो अग्नि आई
चिताले जुरायो वसा बाल्नलाई ।
क्रमैले खरानी बने अङ्ग सुस्त
यता स्वप्न मेरा भए अस्तव्यस्त ।। ८।।

उठेकी थिइन् वाग्मती श्रावणी ती
बगाएर लाने भनी कस्सिएकी ।
भनिन् अग्निलाई छ साह्रै हतारो
नदी काख च्यापेर दौडिन् भिरालो ।। ९।।

निनाद वल्लरी २५

खरानी चिताको बगाई सकेर
म फर्कें नि काया जलाई सकेर ।
बुवा स्वर्गवासी सधैँ आजदेखि
लथालिङ्ग पारेर आफ्नै गृहस्थी ।।१०।।

बलेको दियालो कसैले निभायो
बचेरा छुटाई चरा छोप्न आयो ।
थियो श्वास चल्दो ल रोक्यो उसैले
छ को शक्तिशाली न देख्यो कसैले ।।११।।

गयो निष्ठुरी जो टुटाएर नाता
हरायो बिलायो भए व्यर्थ आँखा ।
भलै फर्कला वाहिनी त्यो बगेको
बिरानो पराई भयो ऊ गएको ।।१२।।

फिरेका चरी छन् भनेथ्यो कसैले ।
लुगा फेर्छ आत्मा बुझायो उसैले ।
तिनै शास्त्र चर्चा म केलाई मानूँ
नदेखी नमूना कहाँ शान्ति पाऊँ ।।१३।।

माया गौरव प्रेरणा र ममता विश्वासको गर्विलो
ओजस्वी मतको मुहान भरिलो एक्कासि सुक्खा भयो ।
छायो निस्पट अन्धकार म कहाँ जाऊँ कतै देख्दिनँ
बत्ती बल्छ गरेर के हृदयमा चाँठी दियो भेट्दिनँ ।।१४।।

बाबा विना के गरूँ !

मेरो माइत देश शून्य घर यो निष्प्राण भो निर्जन
डोऱ्याएर हिँडाउने सँगसँगै ती हात छैनन् किन ?
उस्तै छन् सब लेखनी र कपडा पोथी र पात्राहरू
कस्तो भाग्य ! भएँ अनाथ टुहुरी बाबा विना के गरूँ ?।।१।।

छन् धेरै यतिका किताब गतिला को पढ्छ खोली अब ?
त्यो कम्प्यूटर दङ्ग पर्छ कसले औँला चलायो जब ।
राता वा हरिया कुनै चहकिला तिम्रा लुगा छन् यहाँ
छन् उस्तै घरमा सबै तर तिमी छैनौ गयौ छौ कहाँ ? ।।२।।

यो धर्ती किन शून्य भो छन त छन् यत्रा सबै मानुष
हेरेँ देख्छु कतै तिमी तर म नै थाकेँ घुमी आखिर ।
टोपी कोट लगाउने पथिकको भुक्याउने भेष छ
मै मात्रै दुखिया हुँ वा सहरमा ! संसार यो मस्त छ ।।३।।

तिम्रा ती सपना अनेक प्रतिमा राख्ने उहाँ धाममा[1]
नेपाली धरणी चिनाउन भनी रच्ने कथा वन्दना ।
भाषाको पनि होस् विकास गतिलो इच्छा बुनेका पिता
प्यारो संस्कृत-देव-काव्य-जननी नेपाल तिम्रो धरा ।।४।।

लैजाला अब को सुकाम सब ती हाँकेर उत्थानका ?
त्यागी ऐस र वासना सयलका को सारथी आउला ?।
शृङ्गी पाणिनि छौ कहाँ कपिल वा देवी अहिल्या सुपा[2]
तिम्रो गायक कालिदास अब ख्वै ? खोजौँ सबैले कता ! ।। ५।।

गुल्मेली[3] कुलका तिमी चहकिला अज्र्याल हे चन्द्रमा
पुर्खाको महिमा र गौरव थियो ऊर्जा सबै अङ्गमा ।
श्रद्धा गौरव पितृको र कुलको द्यौता र साहित्यको
त्यस्तो कर्मठ पाउला अब कठै यो देशले व्यक्ति को ? ।।६।।

मान्छे यो जब जन्मियो उस दिनै भैगो ऋणी सत्वर
त्यो तिर्ने ऋण देव-पितृ-ऋषिको गाह्रो तपस्या व्रत ।
भेटिन्छन् विरलै कताकति तिमी जस्ता कुनै मानव
साँवा ब्याज तिरेर मुक्त हुन जो सक्छन् बनी सक्रिय ।।७।।

---

१ बुवाले स्थापना गरेको साहित्य तीर्थ, कपिलधाम, कपिलवस्तु नेपाल ।
२ बुवाका ऐतिहासिक उपन्यासका नायक नायिका
३ अज्र्यालहरूको मूलथलो । कृति: 'अज्र्याल वंशावली र कुलवृत्त'

मेरा नायक जन्म दायक तिमी सामान्य हैनौ पिता
शिक्षा शोध र सिर्जना-गुरु तिमी हौ स्रोत उत्साहका ।
जन्मेकी घरमा प्रसिद्ध कुलमा तिम्रो सुधी वंशमा
देऊ शक्ति सकूँ म तिर्न ऋण ती सम्पूर्ण यै जन्ममा ।।८।।

तिम्रा ती सपना सजाउन भनी उठ्नेछ को पौरखी ?
तिम्रो देश चिनाउने हवनमा होमिन्छ को सारथी ? ।
सेवा स्वार्थ विना गरी जब गयौ साहित्यको देशको
आमा छक्क परिन् छिटो किन गयो यो पुत्र नेपालको ! ।।९।।

मेरो उन्नतिमा रमाइरहने बाबा कहाँ छौ तिमी ?
मेरो पौरख सुन्न आतुर सदा बाबा कहाँ छौ तिमी ? ।
को छन् साथ बसेर सुन्न कविता गोष्ठी कथाका गुणी ?
पायौ के सुविधा अपार रचना गर्ने थलो लेखनी ? ।।१०।।

आशीर्वाद दिने पवित्र कर त्यो देखिन्न कैल्यै अब
वैलाए सपना भनूँ किन कहाँ ? केही गरी पौरख ।
केका लागि गरूँ म उन्नति पढूँ ? भो व्यर्थको अर्जन
मै मात्रै टुहुरी यहाँ किन ! भनी भक्कानिएको मन ।।११।।

बाटोमा घरमा सजी सहरमा रम्दै हिँडेकाहरू
हाँसेका सब छन् प्रफुल्ल मनका छोरी बुवाका अरू ।
मेरा मात्र बुवा कहाँ किन लगिस् ? हे दैव होस् निष्ठुर
को होला अलका-पिता म हुँ भनी उल्लासले गर्वित ! ।।१२।।

छैनौ आज निनाद यो हरघडी बाबा नदेख्दा यहाँ
कोही छैन अजम्बरी सबजना भेटिन्छ छिट्टै त्यहाँ ।
त्यो हो मार्ग अचम्म दूर गइने फर्किन्न कोही पनि
यै आश्चर्य बुभेर बुइन नसकी हारे सबै लेखनी ।।१३।।

जसै ब्रह्माजीले भुवन सब सिर्जे नियम भो
सबै प्राणी हुन् वा थप अनि कुनै चीज भवको ।
हुनेछन् ती पक्कै क्रमसँग सबै नष्ट बहुधा
नमर्ने हो आत्मा तर पनि सदा मृत्यु विपदा ।।१४। ।

तँ होस् गोत्रै अर्कै

प्रथाको आज्ञामा जब सकल संस्कार गरियो
ल छोरीको कामै कति पनि यहाँ छैन भनियो ।
तँ होस् गोत्रै अर्कै थर र कुल अर्कै किन यता
न आएस् भान्सामा छुन पनि हुँदैहुन्न पर जा ।।१।।

म त्यो बेला साह्रै विचलितमना पीडित थिएँ
बुझाए "छोरी होस् चलन दिन हो पाँच तँ रुने" ।
न छोरीले पाई अवसर दुखी भै रुन पनि
"ल जा ! फर्की ! पाँचौँ दिन नुन तँ खाई घर अनि" ।।२।।

रचिस् हे निर्मोही ! थर र घर फेर्ने नियम यो
गराइस् छोरीको मन र तन टाढा किन अहो !
कि त्यो होला पक्कै मन मुटु नभाको रचयिता
नभै को बस्नेथ्यो पर पर गराएर दुहिता ! ।।३।।

जसै जन्मिन् छोरी दिन गणन आरम्भ गरिने
बिहा भै जाने छिन् पर घर उनी हुन् अतिथि रे ।
दिनै पर्ने लक्ष्मी फरक थर खोजेर दुलहा
भए कन्यादानी अमृत फल वैकुण्ठ सुविधा ।।४।।

सुनेस् तैँले जो होस् कटु नियम यो सिर्जन गरिस्
बुवा आमा मर्दा पनि मन नदुख्ला किन भनिस् ?।
गरिस् तैँले छोरीप्रति बहुत अन्याय कसरी ?
बसेको छस् होला धरधर रुँदै पाप बटुली ।।५।।

बनुन् स्नेही छोरी जनक-जननीका टहलुवा
रहुन् बा-आमाका साँग-साँग जसै पर्छ विपदा ।
'ल छोरी पो जन्मी' खबर दुखको यो अब नहोस्
यही चिन्ता हाम्रो युग बदलने साहस बनोस् ।।६।।

चुँडेको चङ्गा भैँ नगर न मलाई पर पर
धुलो मैलो विष्टा म हुइनँ कुनै घोर कसुर ।
बनुन् छोराछोरी सकल प्रिय सन्तान गुनिला
न होस् भिन्दा भिन्दै चलन अब राखौँ न समता ।।७।।

जगाऊँ आऊ लौ भर अब त छोरीप्रति पनि
हुनेछन् ती लौरी परिचर सखा जीवनभरि ।
नफेरुन् छोरीले अब थर र त्यो गोत्र नछुटोस्
रहोस् जन्मेको त्यो घर अब घरै माइत नहोस् ।।८।।

पतिगृह दुख पर्दा वर्ष नै बार्नु पर्ने
तर स्वजन गुमाई पर्व संस्कार गर्ने ।
भन न अब विधाता के थियो पाप मेरो ?
रुन पनि म नपाऊँ! दण्ड के को दियौ यो ? ।।९।।

बाबु मेरा समान

कहर अति उठाएँ लेखनी औँटिली भै
अलिकति बह पोखेँ वर्ण जोडेर गुन्दै ।
यति पर पनि बामे सर्न खोज्दै म आएँ
करुण रस मिसाई पस्किएँ जे पकाएँ ।।१।।

कति कति म लडेका ठाउँ होलान् यसैमा
पटक पटक चिप्लेँ छन्दको यो कसीमा ।
सुललित कवि मेरा बाबु वागीश प्राज्ञ
झटपट उठिहाल्थेँ हात थामी म अज्ञ ।।२।।

अनुचर म बुवाकी लेख खोज्ने सिकारु
गगन छुन उडेकी पक्षहीना परन्तु ।
हरदम रहिराख्यो पितृ आशिष् अदृश्य
कठिन सगर तारी त्यो गयो भै निवृत्त ।। ३।।

"पढ पढ पढ छोरी" मात्र तिम्रो विमर्श
गुरु जनक दुवैको भूमिकामा कृतार्थ ।
कति पनि दिन सक्ने दक्षिणा योग्य भैनँ
दिन पनि अब अर्को फेरि संयोग छैन ।।४।।

जति पनि धरणीमा जन्मिएलान् कुमारी
सरल निपुण छोरी ज्ञानका दिव्य मूर्ति ।
वरद प्रभु सबैका बाबु मेरा समान
गुरु जनक हितैषी मार्गद्रष्टा सुनाम ।।५।।

समय जति बिताएँ साथ तिम्रो रमाई
मधुर पल सँगैका मात्र मेरो कमाइ ।
निशिदिन अब साथी ती रहे मात्र मेरा
अवसर कति छोटो गर्नका निम्ति सेवा ।।६।।

मन त कति थियो यो काव्यमा नै भुलेर
बसिरहन म पाऊँ कल्पनामै डुलेर ।
उठ उठ अब ! भन्छन् के गरूँ बाध्य पारी
कलम अब बिसाएँ चाहलाई लुकाई ।।७।।

सकल भव छ माया मोहको व्यूह एक
छल र बल गरेरै तान्छ मान्छे र जीव ।
छटपट अति गर्ने चित्तको हो स्वभाव
तर झट भुलिजाने दैव लीला अपार ।।८।।

जति पनि अब हाँसूँ बाहिरी रूप हो त्यो
पुलकित मुटु चिर्दै घाउ लाग्यो सधैँको ।
मन उपवनमा यो फर्किएला बहार
तर अब किन चल्थ्यो पितृ-आशिष् सुवास ! ।।९।।

उपनत उभिएका शब्द पुष्पाञ्जलीका
अनुभव राँगिएका पद्य आराधनाका ।
जति पनि अब लेखूँ के छ तात्पर्य अर्थ ?
त्रिदिव पुगिगएका निम्ति यो काव्य व्यर्थ ।।१०।।

अपरिमित कथा छन् भूल मैले गरेका
कति पटक रुवाई कष्ट भारी दिएका ।
अबुझ म पनि छोरी मूर्ख सादा र लाटी
जनक सकल देऊ आज माफी समेटी ।।११।।

छन्दमा कसरी लेख्ने ?

सजिलो शब्दमा भन्दा छन्द एउटा साँचो हो जसमा शब्दहरूलाई ढालेर हामी आफ्ना भावहरू पोख्छौँ र त्यो कविता बन्दछ । छन्द एउटा नियम हो, अथवा यो गणितको जस्तो काव्य-लेखनको एउटा सूत्र हो जस अनुसार हामीले शब्द संयोजन गर्नुपर्दछ । छन्दमा लेखिएका कविता लयात्मक हुन्छन् र तिनलाई गाउन सकिन्छ । "भाव अभिव्यक्त गर्दा स्वतन्त्रता हुनुपर्दछ, त्यसको अभिव्यक्तिमा बाधा अडचन आउनुहुँदैन र छन्दका नियमले भावको प्रवाहलाई कुण्ठित गर्छन्" भन्ने तर्क पनि यदाकदा सुनिन्छ । छन्द कवितालाई 'पुरानो शैली वा ढाँचाका', 'दिन गुज्रिएका' कविता भनेर कताकति होच्याउने गरेको पनि पाइन्छ । तर मेरो विचारमा छन्द अनुशासन हो । छन्द साधना हो । छन्द आकर्षण हो । छन्द मोहनी हो । छन्द आनन्द हो । छन्दले समर्पण खोज्दछ । छन्दसँग एकाकार भैसकेपछि, छन्दको साधनामा समर्पित भैसकेपछि भावहरू आफै छन्दको लयमा बग्न थाल्छन् । हरियो धानको खेतमा हावाले बयेली खेलेजसरी भावहरू पनि शब्दको सुन्दर उपवनमा लहलहाउन थाल्छन् । वसन्तमा पैयुँ फुलेजसरी छन्द कविता र भावले आफू र आफ्नो वरिवरि अतुलित सौन्दर्य छरिदिन्छन् । गायनले भावलाई अझ सम्प्रेषणीय र अर्थपूर्ण बनाइदिन्छ । जसरी हामी गीत गाएर, सुनेर र सुनाएर आनन्द लिन्छौँ, त्यही आनन्द छन्द कविताले पनि दिन्छ । स्वयं छन्द शब्दको शाब्दिक अर्थ पनि प्रसन्न हुनु वा खुशी हुनु हो । छन्द शब्द 'छन्द्' धातुबाट[१] बन्दछ जसको अर्थ चम्किनु वा प्रसन्न हुनु हो । जब छन्दको नियम अनुसार भावमा भिजेका शब्दहरू राखिन्छन् त्यस्तो रचनाले हृदयलाई

---

१ छदि आह्लादे दीप्तौ च । धातुपाठ

आह्लादित गर्छ । बान्की नपरेको वा अमिल्दो कुरा जनाउन नेपालीमा उखान पनि छ : "कस्तो छन्द न बन्दको !"

छन्द कविता पौरस्त्य जगत्को निधि हो । पूर्वीय संस्कृतिको विशेषता हो । संस्कृत र नेपाली वाङ्मयमा भएका छन्द रचनाहरू यसका प्रमाण हुन् । वैदिक कालदेखि नै गेय विधाको प्रादुर्भाव भएको र अहिले हामीले प्रयोग गर्ने केही छन्द त्यसमा प्रयोग गरिएका भएतापनि लौकिक साहित्यमा छन्दको प्रथम प्रयोग वाल्मीकिको स्वस्फूर्त कविताबाट[२] भएको मानिन्छ । त्यसपछि उनले रामायण रचे र छन्द कविता लेखन प्रक्रिया प्रारम्भ भयो । महाभारत, पुराण, त्यसपछिका संस्कृतका कविहरू कालिदास, माघ, भारवि, अश्वघोष आदिले संस्कृत साहित्यलाई समृद्ध बनाए । नेपाली वाङ्मयमा सुवानन्ददास, शक्तिवल्लभ अज्र्याल, उदयानन्द अज्र्याल हुँदै भानुभक्त आचार्य, लेखनाथ पौड्याल, लक्ष्मीप्रसाद देवकोटा आदि कविहरूले यसको सिद्धहस्त प्रयोग गरेका छन् र यो क्रम आजसम्म चलेकै छ ।

जसरी व्याकरणलाई गद्यको कसी भनिन्छ त्यसरी नै छन्द पनि काव्यको कसी हो । पूर्वीय वाङ्मयमा पाणिनिले व्याकरण लेखेर भाषालाई प्राञ्जल बनाए भने उनकै समकालीन पिङ्गलले छन्दको सिद्धान्त र नियमको परिकल्पना गरेर छन्दशास्त्र बनाए । पाणिनिको व्याकरणजस्तै छन्दशास्त्र सूत्रमा लेखिएको छ उनका अनुसार छन्द कवितामा पालन गर्नुपर्ने वा ध्यान दिनुपर्ने जम्मा अङ्ग वा नियमहरू सातवटा छन् जस्तै: १) पाउ २) वर्ण र मात्रा ३) गति ४) यति ५) अनुप्रास र ७) गण । पाउ, वर्ण, गति र यति छन्द कविताका अनिवार्य अङ्ग हुन् । वैकल्पिक अङ्ग भएतापनि अनुप्रास गहना हो जसले कवितालाई थप सिँगार्छ ।

१. पाउ

पाउलाई चरण वा पाद पनि भनिन्छ हरेक कविताका सामान्यतया चार पाउ हुन्छन् । जसरी गाई चार खुट्टा टेकी हिँड्छ त्यसरी नै छन्द पनि चार पाउमा

---

२ मा निषाद! प्रतिष्ठान्त्वमगम: शाश्वती: समा: ।

यत्क्रौञ्चमिथुनादेकमवधी: काममोहितम् ।। –वाल्मीकि रामायण, बाल काण्ड ।

प्रस्तुत हुन्छन् । अर्थात् धेरैजसो पद्य चार पङ्क्तिमा लेखिन्छन् । तर गायत्रीजस्ता केही छन्दमा तीन पाउ पनि हुन्छन् ।

२. वर्ण र मात्रा

मात्रिक र वार्णिक गरी छन्द दुईथरि छन् । स्वर वर्ण भनेकै मात्रा हो । मात्रिक छन्दमा मात्राको मात्र हिसाब किताब हुन्छ भने वार्णिक छन्दमा मात्राको चर्चा नगरी कतिवटा ह्रस्व र कतिवटा दीर्घ वर्ण प्रयोग गर्ने भनेर तोकिएको हुन्छ । यही वर्ण र मात्राको हिसाबकिताब नै छन्दको आधार हो ।

पिङ्गलले ह्रस्व स्वरलाई '१' वा '।'-ले सङ्केत गरी त्यसलाई लघु भनेका छन् भने दीर्घ स्वरलाई २ वा 'ऽ'-ले सङ्केत गरी त्यसलाई गुरु भनेका छन् । वर्णको उच्चारणमा लाग्ने समयलाई मात्रा भनिन्छ । छन्द शास्त्रमा ह्रस्व वर्णको उच्चारण गर्दा एक मात्रा र दीर्घ वर्णको उच्चारण गर्दा दुई मात्रा लाग्छ । ह्रस्व दीर्घ वा गुरु लघुको नियम निम्न अनुसार छ:

(अ) लघु मात्रा

१. ह्रस्व स्वरहरू अ, इ, उ, ऋ र यी स्वर मिसिएका 'क' देखि 'ह' सम्मका सबै वर्णहरू

२. चन्द्रबिन्दुले ह्रस्व मात्रालाई दीर्घ बनाउँदैन ।

(आ) गुरु मात्रा

१. दीर्घ स्वरहरू आ, ई, ऊ, ए, ओ, ऐ, औ र यी स्वर मिसिएका 'क' देखि 'ह' सम्मका सबै वर्णहरू

२. विसर्ग लागेका र अनुस्वार भएका ह्रस्व मात्रा भएका अक्षर पनि गुरु मानिन्छन्: दुः, निः, सं ।

३. पछिल्तिर हलन्त वर्ण भएका सबै वर्ण ह्रस्व भएपनि दीर्घ मानिन्छन्: हुन्, छन्, पद् ।

४. संयुक्त वर्ण भएका शब्दमा यदि अघिल्लो अक्षर लघु छ भनेपनि त्यसले

उच्चारणमा पछि आउने संयुक्त अक्षरको वर्ण आफुतिर तान्ने भएको हुँदा त्यो ह्रस्वै भएपनि दीर्घ मानिन्छ :

पर्दा (पर् + दा) = ऽऽ

दुःख (दुः+ख) = ऽ।

विश्व (विश् + व) = ऽ।

बुद्ध (बुद्+ध) ऽ।

दृष्टान्त (दृष्+टान् +त) = ऽऽ।

अन्याय (अन् +या+य) = ऽऽ।

संस्कृत (संस्+कृ+त) = ऽ।।

किंकर्तव्यविमूढ (किं+कर्+तव्+य+वि+मू+ढ) = ऽऽऽ।।ऽ।

तर 'प्र' र 'ह्र'-ले आफुभन्दा अगाडि आउने लघु मात्रालाई गुरु बनाउँदैनन् ।

५. पाउको अन्तिममा लेखिएको मात्रा जे भएतापनि छन्दको माग बमोजिम लघु वा गुरु दुवै मानिन्छ

म अबुझ बसिहालेँ लेख्न यो शोक काव्य

मालिनीको यस पङ्क्तिको अन्तमा गुरु मात्राको नियम भएतापनि पुछारमा आएको लघु मात्राले गुरुको भूमिका निभाएको छ

६. नेपाली भाषाको उच्चारणको नियम अनुसार अकारान्त शब्दका साथै बीचमा अकार आउने तीन वा चार अक्षरको शब्दको उच्चारणमा 'अ' लोप हुने भएतापनि छन्द कवितामा जस्तो लेखिएको छ त्यसरी नै उच्चारण गर्नुपर्दछ ।

अन्यत्रको उच्चारण: कहालिए फूल् र पात् शूल्मा

छन्द कविताको उच्चारण: कहालिए फूल र पात शूल्मा

छन्द मिलाउनका लागि प्रचलित वा शब्दको निर्धारित वर्णविन्यास बिगार्नु हुँदैन । "अपि मासं मसं कुर्यात् छन्दो भङ्गं नकारयेत् ।" अर्थात् मास शब्दलाई

बरु मस बनाइयोस् तर छन्द भङ्ग नगरियोस् भन्ने श्लोकको निहुँ पारेर छन्द मिलाउनलाई शब्दको वर्णविन्यास बिगार्नु उपयुक्त हुँदैन । जसरी छन्द कविता लेख्दा नियममा बाँधिएर गण र मात्रा मिलाइन्छ त्यसरी नै वर्णविन्यास र व्याकरणका नियमको पनि पालना गर्नुपर्दछ ।

३. गति

कवितामा वर्ण र मात्राको जुन क्रम राख्दा लयात्मक हुन्छ त्यसलाई गति भनिन्छ । गतिको कुनै निश्चित नियम त छैन तर काव्य गायनका क्रममा यसलाई अनुभव गर्न सकिन्छ :

विचलित छु म धेरै सुन्नुहोस् ताप-भारी

म लिन शरण आएँ शान्ति पाऊँ मुरारि ।। (गति भङ्ग छ)

विचलित छु म धेरै सुन्नुहोस् ताप-भारी

शरण लिन म आएँ शान्ति पाऊँ मुरारि ।। (गति मिलेको छ)

४. यति

छन्द कविता गाउँदा निश्चित स्थानमा छोटो विश्राम लिइन्छ । त्यसै विश्राम वा अडानलाई यति भनिन्छ । यसरी जुन स्थानमा यति वा विश्राम गर्नुपर्ने हो । त्यहाँ शब्द पनि टुङ्गिएको हुनुपर्दछ । हरेक पाउमा यति वा विश्राम हुन्छ भने लामा छन्दमा एकै पाउमा दुई ठाउँमा पनि विश्राम गरिन्छ । छोटा छन्दमा अन्तमा मात्रै विश्राम हुन्छ । तर कहिलेकाँहि कम मात्रा भएका छन्दमा यति भङ्ग गरेको अपवाद पनि भेटिन्छ र यसलाई क्षाम्य मानिन्छ ।

निम्न भुजङ्गप्रयातको पद्यमा नियमानुसार छैटौँ वर्ण 'रे'मा यति अर्थात् शब्द टुङ्गिनु पर्ने तर यहाँ छोटो छन्द भनेर यति भङ्ग भएपनि यसै राखिएको छ ।

बुवा स्वर्गवासी सँधै आजदेखि

लथालिङ्ग **पारेर** आफ्नै गृहस्थी ।।

५. अनुप्रास

सामान्यतया काव्यमा कुनै वर्णको आवृत्तिलाई अनुप्रास अलङ्कार भनिन्छ । अनुप्रासको प्रयोगले कवितामा माधुर्य ल्याउँछ । कवितामा मिठास ल्याउन अनुप्रासको प्रयोग विभिन्न तरिकाले सुरुमा र बीच बीचमा पनि गर्न सकिन्छ, तर पाउको अन्तमा अनुप्रासको प्रयोग प्रशस्त गरिन्छ र यसलाई अन्त्यानुप्रास भनिन्छ । पाउका अन्तिम वर्ण, अक्षर वा शब्दको आवृत्ति नै अन्त्यानुप्रास हो । उदाहरणका लागि निम्न कविताका अन्तिम शब्दमा भएका समानता हेरौँ:

सजल नयन मेरा साथमा देह **खोक्रो**

वरद जनक गुम्दा यो भयो मात्र **बोक्रो** ।

म अबुझ बसिहालेँ लेख्न यो शोक का**व्य**

तरण कठिन होला के गरूँ लोभ दि**व्य** ।।

६. गण

वार्णिक छन्दमा अक्षरको गणना गरी तीन-तीन अक्षरको एउटा गण बनाइन्छ र गण व्यवस्था अनुसार कविता लेखिन्छ । सामान्यतया श्लोकका सबै पाउमा उही क्रममा उत्ति नै अक्षर र मात्रा हुन्छन् । गणमा नअटेका अन्तिमका एक वा दुई अक्षरलाई गुरु र लघु भनेर किटान गरिन्छ । गणलाई सजिलोसँग बुझ्नका लागि निम्न सूत्र उपयोगी छ:

'यमाताराजभानसलगा'

I S S S I S I I I S

यस सूत्रबाट शुरूदेखि तीन वर्ण लिँदै क्रमश: एक घटाउँदै र पुछारमा एक थप्दै गएमा आठ गणका नाम र संरचना निस्कन्छन् जस्तै:

(क) **यमाता**राजभानसलगा   यगण

    I S S

    शब्दहरू: बिहानी, मनोज्ञ, कमाई, रिझाए, बनेको ।

(ख) य**मातारा**जभानसलगा   मगण

SSS

शब्दहरू: सामुन्ने, विद्यार्थी, अस्ताए, ब्रह्माजी, भान्सामा ।

(ग) यमा**तारा**ज**भा**नसलगा   तगण

SSI

शब्दहरू: संस्कार, आरम्भ, उत्साह, होमिन्छ, जन्मेकी ।

(घ) यमाता**राजभा**नसलगा   रगण

SIS

शब्दहरू: सारथी, पौरखी, सिर्जना, लेखनी, जिन्दगी ।

(ङ) यमाता**राजभान**सलगा   जगण

ISI

शब्दहरू: सराप, अमित्र, विनाश, सखाप, बथान ।

(च) यमाताराज**भानस**लगा   भगण

SII

शब्दहरू: नायक, अर्बुद, दुन्दुभि, निर्भर, नालिस ।

(छ) यमाताराजभान**सल**गा   नगण

III

शब्दहरू: नमन, पवन, कलश, शरण, विरह ।

(ज) यमाताराजभान**सलगा**   सगण

IIS

शब्दहरू: दुनिया, कविता, महिमा, सपना, रचना ।

उदाहरणको लागि इन्द्रवंशा छन्दमा गण र त्यसको क्रम यसरी निर्धारण गरिएको छ:

स्यादिन्द्रवंशा ततजै रसंयुतै: ।[३] अर्थात् इन्द्रवंशामा तगण (SSI), तगण (SSI), जगण (ISI) र रगण (SIS) क्रमश: होउन् । यस अनुसार इन्द्रवंशाको एउटा पाउ यस्तो भयो:

SSI   SSI   ISI   SIS

लाचार   छोरी म   निरीह   निष्क्रिया

यसरी परिभाषा अनुसार गण अर्थात् मात्राहरूको क्रम र सङ्ख्या मिलाउनुपर्ने हुन्छ । छन्दका अङ्गहरूका बारेमा थाहा भैसकेपछि जुन छन्दमा लेख्ने हो त्यसको लक्षण जानेर कविता लेख्न सकिन्छ । तर पनि हरेक रचयिताको केही वा एक प्रिय छन्द हुन्छ । यस शोक काव्यमा जम्मा नौवटा छन्दहरूको प्रयोग गरिएको छ । अब हामी उदाहरणका रूपमा ती छन्दहरूको वर्णानुक्रमले छोटो परिचयात्मक चर्चा गर्नेछौँ ।

---

३ वृत्तरत्नाकर

निनाद वल्लरीका छन्दहरू

१. उपजाति

इन्द्रवज्रा र उपेन्द्रवज्राजस्ता एघार बाह्र अक्षरका कुनै दुई छन्दको संयोजनले बनेको उपजाति छन्द छोटो, मीठो र लामा छन्द भन्दा सजिलो पनि छ । कालिदासले पनि इन्द्रवज्रा र उपेन्द्रवज्रा मिसिएको उपजाति छन्दको प्रशस्त प्रयोग गरेका छन् । उपजाति छन्दका चार पाउमा आफूखुशी मिल्दाजुल्दा दुई छन्दको पाउ रोज्ने स्वतन्त्रता हुन्छ । यस काव्यमा इन्द्रवंशा र वंशस्थ छन्द संयोजनको उपजाति प्रयोग गरिएको छ ।

> भो इन्द्रवंशा ततजार मिल्दिँदा
> हुनेछ वंशस्थ ल एक भिन्नता ।

इन्द्रवंशा इन्द्रवंशामा तगण (SSI), तगण (SSI), जगण (ISI) र रगण (SIS) क्रमश: हुन्छन् ।

वंशस्थ जगण (ISI), तगण (SSI), जगण (ISI) र रगण (SIS) क्रमले भएमा त्यसलाई वंशस्थ भनिन्छ ।

यसरी हेर्दा वंशस्थ र इन्द्रवंशा छन्दमा पाउको पहिलो वर्ण मात्र फरक देखिन्छ । अन्य मात्रा यसमा समान छन् । दुवै छन्दमा पाउको अन्तमा यति अर्थात् विश्राम गरिन्छ । निम्न श्लोकमा माथिका दुई पाउ इन्द्रवंशा र तलका दुई पाउ वंशस्थ छन् ।

इन्द्रवंशा   SSI   SSI   ISI   SIS
> रुन्थ्यौ समाई जब हात धर्धरी
> "क्यै हुन्न" भन्थेँ तर भित्र थर्थरी ।

वंशस्थ   ।ऽ।   ऽऽ।   ।ऽ।   ऽ।ऽ

छ व्यर्थ भन्थ्यो दुनिया प्रयत्न यो
परन्तु आशा मनमा थियो दिगो ।।

२.   **पञ्चचामर**

'जराजराज' मिस्सिँदा र एक दीर्घको भर
पुगेर आठ रोकिए हुनेछ पञ्चचामर ।

जगण (।ऽ।), रगण (ऽ।ऽ), जगण (।ऽ।), रगण (ऽ।ऽ), जगण (।ऽ।) र
एक मात्रा गुरु (ऽ) गरी सोह्र अक्षरको छन्द पञ्चचामर हो । यसको आठौँ
अक्षरमा विश्राम गरिन्छ ।

।ऽ। ऽ।ऽ ।ऽ.[४]। ऽ।ऽ ।ऽ। ऽ

वसन्त मग्मगाउने. म फूल चुम्न खोज्दछु
म इन्द्र-चाप रङ्गमा. रँगेर रम्न खोज्दछु ।
म शीत पातका टिपी. उनेर लाऊँ भूषण
अनित्य चीज जीव वा. हराउँछन् नि तत्क्षण ! ।।

३.   **भुजङ्गप्रयात**

यलाई गुनी चारले लेख थाल
छमा गै बिसाए भुजङ्गप्रयात ।

यगण (।ऽऽ) को चार पटक आवृत्ति गरेमा भुजङ्गप्रयात छन्द बन्दछ ।
यसको छैटौँ मात्रामा पुगेर विश्राम गरिन्छ । यसको नामको व्युत्पत्ति गर्दा यो
छन्द भुजङ्ग अर्थात् सर्प र प्रयात अर्थात् गएको वा हिँडेकोजसरी सलल
बग्छ भनिन्छ ।

।ऽऽ   ।ऽऽ.   ।ऽऽ   ।ऽऽ

मलामी हतारो. गरी घाट आए
सँगै शोक मान्दै. बिदा गर्न भ्याए ।

---

४ यो (.) चिह्नले यतिलाई सङ्केत गरेको छ ।

सबै वस्त्र च्याते. र फ्याँके लडाए
कठै देह तिम्रो. भताभुङ्ग पारे ।।५।।

४. **मन्दाक्रान्ता**

पैले चारौँ अनि दस पुगी रोक विश्राम गर्न
मन्दाक्रान्ता 'मभनतत' हो दीर्घ जोडी नबिर्स ।

मगण (SSS), भगण(SII), नगण (III), तगण (SSI), तगण(SSI) र दुई गुरु (SS) मिलेर मन्दाक्रान्ता बन्दछ । यसको चौथो र दशौँ मात्रामा विश्राम हुन्छ । शुरूमा मन्द गतिबाट शुरु भएर क्रमश: उच्च हुँदै जाने भनेर यसको नाम मन्दाक्रान्ता रहेको हो ।

SSS   SII   III   SSI   SSI   SS

लेख्दालेख्दै. कविजन उठे. भाँचियो लेखनी रे
पाक्दापाक्दै. तिहुन डढिगो. बिर्सिएछन् कसैले ।
बोल्दाबोल्दै. कति प्रिय सखा. वाक्य बिर्सेर लाटा
हिँड्दाहिँड्दै. विचलित भए. बिर्सिए मूल बाटा ।।

५. **मालिनी**

ननमयय जुरेमा मालिनी भन्दिनू रे !
अलिक छिन बिसाई आठमा रोकिहेरे ।

नगण (III), नगण (III), मगण (SSS), यगण (ISS) र यगण (ISS) मिलेर मालिनी बन्दछ । यसमा आठौँ मात्रामा विश्राम हुन्छ ।

III   III   SSS   ISS   ISS

जति पनि अब हाँसूँ. बाहिरी रूप हो त्यो
पुलकित मुटु चिर्दै. घाउ लाग्यो सर्धैंको ।
मन उपवनमा यो. फर्किएला बहार
तर अब किन चल्थ्यो. पितृ-आशिष् सुवास !।।

६.	वसन्ततिलका

ताभाजजा र दुइय गुरु दीर्घ मात्रा
भैगो वसन्ततिलका यति आठ पुग्दा ।

तगण (SSI), भगण(SII), जगण (ISI), जगण (ISI) र दुई गुरू (SS)
मिलेर वसन्ततिलका हुन्छ । यसको आठौँ मात्रामा पुगेर विश्राम गरिन्छ ।

     SSI   SII   ISI   ISI   SS

उड्दो कपास म भएँ. हलुका छ भार
केही रहेन त व्यथा. र दुखाइ डाह !।
आनन्दकन्द भगवान्. म त भेट्न जान्छु
यी पुण्य धर्म जति छन्. सब साथ लान्छु ।।

७.	विधाता

विधाता 'यारतामाया' थपौँ जोडौँ दुई दीर्घ
गरौँ विश्राम आठौँमा हुनेछन् पद्य उत्कृष्ट ।

यगण (ISS), रगण (SIS), तगण (SSI), मगण (SSS), यगण (ISS)
र दुई गुरु (SS)को संयोजनबाट विधाता छन्द बन्दछ । यसमा आठ अक्षरपछि
विश्राम हुन्छ ।

     ISS   SIS   SSI   SSS   ISS   S

म कस्ती पो भएँ बाबा. भएँ के कल्पनाजस्ती ?
हिँडेँ निर्देशना मान्दै. म बाटोमै अभै यस्ती ।
म तिम्री सिर्जना कस्ती. भएकी हेरिद्यौ फर्की ।
मलाई धारमा छोडी. नबिर्सें चट्ट है फेरि ।।

८.	शार्दूलविक्रीडित

बाह्रौँमा छिन रोकिए यति हुने गर्नेछ आनन्दित
'मासाजासतता' र एक गुरुले शार्दूलविक्रीडित ।

मगण(SSS), सगण (IIS), जगण (ISI), सगण (IIS), तगण (SSI),
तगण (SSI) र एउटा गुरु (S) मिलेर शार्दूलविक्रीडित छन्द बन्दछ । यसको
बाह्र मात्रामा विश्राम गरिन्छ ।

SSS   ISS   ISI   IIS.   SSI   SSI   S

के हो जीवन यो अहो ! कति दिने !. के प्राप्ति ! के हानि हो !
के पो कारण जन्मको मरणको !. यो गूढ गाह्रो बडो ।
के हुन् कर्म खराब वा गहकिला !. के गर्न आयौँ यहाँ !
पाई उत्तर बुझन यो जटिलता. यो जन्म पुग्थ्यो कहाँ ! ।।

९.   शिखरिणी

बिसाई छैटौँमा यमनसभलगा शिखरिणी
मलाई भेट्नेछौ तरुण तपसीमा अति खुशी ।

यगण (ISS), मगण (SSS), नगण (III), सगण (IIS), भगण (SII),
एक लघु (I) र एक गुरु (S) मिलेर शिखरिणी छन्द बन्दछ । यसमा छैटौँ
मात्रामा विश्राम गरिन्छ ।

ISS   SSS.   III   IIS   SII   I   S

रचिस् हे निर्मोही !. थर र घर फेर्ने नियम यो
गराइस् छोरीको. मन र तन टाढा किन अहो !
कि त्यो होला पक्कै. मन मुटु नभाको रचयिता
नभै को बस्नेथ्यो. पर पर गराएर दुहिता ! ।।

काव्यको स्वरूप र 'निनाद वल्लरी'

कथानक, घटनाक्रम, अनुभूति, रस, भाव, लय, प्राकृतिक परिवेश, कथा नायक र सहायक पात्रहरू आदिको मधुर एवं सुन्दर समायोजन भएको सुललित रचना नै काव्य हो । संस्कृत साहित्यका विद्वान्‌हरूले काव्यलाई मुख्यतया खण्डकाव्य र महाकाव्य गरी दुई प्रकारमा बाँडेका छन्‌ । खण्डकाव्यको परिभाषा गर्दै विश्वनाथले यसलाई 'एक देशानुसारिणी' भनेका छन्‌ । जसलाई महाकाव्यको छोटो रूप वा छोटो आख्यान भएको काव्य भन्न सकिन्छ । काव्यमा एउटा जीवनको चित्रण हुनुपर्दछ । जीवनको सङ्क्षिप्त काव्यमय अभिव्यक्ति खण्डकाव्य हो भने त्यसैको विस्तारित रूप महाकाव्य हो ।

'निनाद वल्लरी' मुख्यतया करुण रसमा लेखिएको काव्य हो । यसले वियोगको भाव बोकेको छ । यसका नायक एक पिता छन्‌ । सहनायिका उनै पिताकी छोरी छिन्‌ भने केही सहायक पात्रहरू पनि छन्‌ । देश विदेशको परिवेशमा यस काव्यको रचना गरिएको छ । नायकको जन्मदेखि मृत्युसम्मको सङ्क्षिप्त घटनाक्रम यस काव्यमा छ । कथानकको परिवेश अनुरूपको प्राकृतिक चित्रण र विविध बिम्बहरूको समायोजन पनि यस काव्यमा गरिएको छ । विशेष कथानक विनाका काव्यहरू पनि नेपाली साहित्यमा पाइन्छन्‌ । उदाहरणका लागि लेखनाथ पौड्यालको 'ऋतुविचार'लाई लिन सकिन्छ ।

महाकाव्यमा न्यूनतम सर्गको सङ्ख्या आठ तोकिएको छ भने खण्डकाव्यमा त्यस्तो कुनै निर्धारित सङ्ख्या छैन । सामान्यतया काव्य रचना गर्दा एउटा सर्गमा एउटा छन्दको प्रयोग गरिन्छ । तर एउटै सर्गमा विविध छन्द पनि हुने गर्दछन्‌ । कुनै कुनै काव्यमा सर्गको पहिलो र अन्तिम पद्य फरक छन्दमा लेखिएको पनि पाइन्छ । सर्गको अन्तमा पछि आउने सर्गको कथा र अर्को सर्गमा प्रयोग गरिने छन्दलाई सङ्केत गर्ने चलन छ । यो कुरा विश्वनाथले 'साहित्य दर्पण'मा

काव्यको परिभाषा गर्दा भनेका छन् । छोटो काव्य वा खण्डकाव्य भने एउटै छन्दमा रचना गरेको पनि पाइन्छ । 'निनाद वल्लरी'लाई खण्डकाव्यको कोटिमा राख्न सकिन्छ । यसमा छोटा-छोटा एघारवटा सर्गहरू छन् । सबै सर्गहरूमा जम्मा नौवटा छन्दहरूको प्रयोग गरिएको छ । यसको हरेक सर्गको अन्तिम श्लोकले आगामी सर्गको छन्दलाई सङ्केत गरेको छ । एउटा मात्र सातौँ सर्गमा भने दुईवटा छन्दहरूको प्रयोग गरिएको छ ।